KU-470-819

COLLECTION FOLIO

E. M. Cioran

Pensées étranglées

précédé de

Le mauvais démiurge

Gallimard

Ces textes sont extraits du *Mauvais démiurge*
(collection NRF Essais, Éditions Gallimard).

© *Éditions Gallimard, 1969.*

Emil Michel Cioran est né à Rasinari, petit village isolé des Carpates en Roumanie, le 8 avril 1911, d'un père de confession orthodoxe. Très jeune, il découvre Nietzsche, Dostoïevski et Schopenhauer, qui auront une grande influence sur sa pensée. Il suit des études de philosophie à l'université de Bucarest et fait une thèse sur Bergson. À vingt ans, il est en proie à une grave crise morale et décide de devenir écrivain afin d'atténuer « une sorte de pression intérieure ». Son premier livre, *Sur les cimes du désespoir*, paraît en 1933. Cioran y dénonce comme autant d'illusions les justifications que se donnent les hommes pour conférer un sens à leur existence. Les années suivantes, il ressent de plus en plus fortement le besoin de quitter la Roumanie. En 1937, envoyé en France par l'Institut français de Bucarest, il s'installe à Paris où il apprend le français, bien décidé à écrire dans cette langue. Son premier livre en français, *Précis de décomposition*, paraît en 1949. Il y écrit : « Ce qu'il faut détruire dans l'homme, c'est sa propension à croire, son appétit de puissance, sa faculté monstrueuse d'espérer, sa hantise d'un dieu. » D'une écriture extrêmement précise et usant d'aphorismes comme les penseurs du XVIIIᵉ siècle, Cioran n'aura de cesse d'examiner au microscope la souffrance d'exister en situant le désespoir au cœur même de toute véritable réflexion philosophique. Dans *Syllogismes de l'amertume* en 1952, du premier au dernier paragraphe, une même obsession s'affirme : celle de conserver au doute le double privilège de l'anxiété et du sourire. *La tentation d'exister* (1956) n'est qu'une protestation contre la lucidité, une apologie pathétique du mensonge, un retour à quelques fictions salutaires. Il se tourne ensuite vers l'histoire collective dans *Histoire et utopie* (1960) pour conclure que tout essor, tout excès met la liberté en péril, tout délire neuf s'achève en servitude. En 1969, il consacre un essai, *Le mauvais démiurge*, à réfléchir sur l'impossible conciliation entre l'idée de Dieu et l'omniprésence du Mal. Malgré des pages très sombres, il conclut pourtant : « Nous sommes au fond d'un enfer dont chaque instant est un miracle. » Se tenant résolument en marge de ses contemporains, il publie quatre ans plus tard *De l'inconvénient d'être né*, puis *Écartèlement* en 1979, *Aveux et anathèmes* en 1986. Emil Michel Cioran meurt à Paris en juin 1995.

Grand penseur moderne, Cioran a laissé une œuvre dans laquelle il souhaitait que chaque livre bouleverse et remette tout en question, sapant ainsi les fondements du confort intellectuel.

Découvrez, lisez ou relisez les livres d'E. M. Cioran :

SYLLOGISMES DE L'AMERTUME (Folio Essais n° 79)

HISTOIRE ET UTOPIE (Folio Essais n° 53)

DE L'INCONVÉNIENT D'ÊTRE NÉ (Folio Essais n° 80)

PRÉCIS DE DÉCOMPOSITION (Tel n° 18)

LA TENTATION D'EXISTER (Tel n° 99)

ÉBAUCHES DE VERTIGE (Folio 2€ n° 4100)

Le mauvais démiurge

À l'exception de quelques cas aberrants, l'homme n'incline pas au bien : quel dieu l'y pousserait ? Il lui faut se vaincre, se faire violence, pour pouvoir exécuter le moindre acte non entaché de mal. Toutes les fois qu'il y réussit, il provoque, il humilie son créateur. Et s'il lui arrive d'être bon non plus par effort ou calcul mais par nature, c'est à une inadvertance d'en haut qu'il le doit : il se situe en dehors de l'ordre universel, il n'était prévu dans aucun plan divin. On ne voit guère quelle place il occupe parmi les êtres, ni même si c'en est un. Serait-il un fantôme ?

Le bien, c'est ce qui fut ou sera, c'est ce qui n'est jamais. Parasite du souvenir ou du pressentiment, révolu ou possible, il ne saurait être *actuel*, ni subsister par lui-même : tant qu'il est, la conscience l'ignore, elle ne s'en saisit que lorsqu'il disparaît. Tout prouve son insubstantialité ; c'est une grande force irréelle, c'est le principe qui a avorté au départ : défaillance, faillite immémoriale, dont les effets s'accusent à mesure que l'histoire se déroule. Aux commencements, dans cette promiscuité où s'opéra le glissement vers la vie, quelque chose d'innommable a dû se passer, qui se prolonge dans nos malaises, sinon dans nos raisonnements. Que l'existence ait été viciée à sa source, elle et les éléments mêmes, comment s'empêcher de le supposer ? Celui qui n'a pas été amené à envisager cette hypothèse une fois par jour au moins, aura vécu en somnambule.

*

Il est difficile, il est impossible de croire que le dieu bon, le « Père », ait trempé dans le scandale de la création. Tout fait penser qu'il n'y prit aucune part, qu'elle relève d'un dieu sans scrupules, d'un dieu taré. La bonté ne crée pas : elle manque d'imagination ; or, il en faut pour fabriquer un monde, si bâclé soit-il. C'est, à la rigueur, du mélange de la bonté et de la méchanceté que peut surgir un acte ou une œuvre. Ou un univers. En partant du nôtre, il est en tout cas autrement aisé de remonter à un dieu suspect qu'à un dieu honorable.

Le dieu bon, décidément, n'était pas outillé pour créer : il possède tout, sauf la toute-puissance. Grand par ses déficiences (anémie et bonté vont de pair), il est le prototype de l'inefficacité : il ne peut aider personne... Nous ne nous accrochons d'ailleurs à lui que lorsque nous dépouillons notre dimension historique ; dès que nous la réintégrons, il nous est étranger, il nous est incompréhensible : il n'a rien qui nous fascine, il n'a rien d'un monstre. Et c'est alors que nous nous tournons vers le créateur, dieu inférieur et affairé, instigateur des événements. Pour comprendre comment il a pu créer, on doit se le figurer en proie au mal, qui est innovation, et au bien, qui est inertie. Cette lutte fut sans doute néfaste au mal, car il y dut subir la contamination du bien : ce qui explique pourquoi la création ne saurait être entièrement mauvaise.

Comme le mal préside à tout ce qui est corruptible, autant dire à tout ce qui est vivant, c'est une tentative ridicule que de vouloir démontrer qu'il renferme moins d'être que le bien, ou même qu'il n'en contient aucunement. Ceux qui l'assimilent au néant s'imaginent *sauver* par là ce pauvre dieu bon. On ne le sauve que si on a le courage de disjoindre sa cause de celle du démiurge. Pour s'y être refusé, le christianisme devait, toute sa carrière durant, s'évertuer à imposer l'inévidence d'un créateur miséricordieux : entreprise désespérée qui a épuisé le christianisme et compromis le dieu qu'il voulait préserver.

Nous ne pouvons nous défendre de penser que la création, restée à l'état d'ébauche, ne pouvait être achevée ni ne méritait de l'être, et qu'elle est dans l'ensemble une *faute*, le forfait fameux, commis par l'homme, apparaissant ainsi comme une version mineure d'un forfait autrement grave. De quoi sommes-nous coupables, sinon d'avoir suivi, plus ou moins servilement, l'exemple du créateur ? La fatalité qui était sienne, nous la reconnaissons bien en nous : ce n'est pas pour rien que nous sommes sortis des mains d'un dieu malheureux et méchant, d'un dieu maudit.

*

Prédestinés les uns à croire au dieu suprême mais impuissant, les autres au démiurge, les autres enfin au démon, nous ne choisissons pas nos vénérations ni nos blasphèmes.

Le démon est le représentant, le délégué du démiurge dont il gère les affaires ici-bas. Malgré son prestige et la terreur attachée à son nom, il n'est qu'un administrateur, qu'un ange préposé à une basse besogne, à l'histoire.

Autre est la portée du démiurge : comment affronterions-nous nos épreuves, lui absent ? Si nous étions à leur hauteur, ou simplement quelque peu dignes d'elles, nous pourrions nous abstenir de l'invoquer. Devant nos insuffisances patentes, nous nous agrippons à lui, nous l'implorons même d'exister : s'il se révélait une fiction, quelle ne serait pas notre détresse ou notre honte ! Sur qui d'autre nous décharger de nos lacunes, de nos misères, de nous-mêmes ? Érigé par notre décret en auteur de nos carences, il nous sert d'excuse pour tout ce que nous n'avons pu être. Quand de plus nous lui faisons endosser la responsabilité de cet univers manqué, nous goûtons une certaine paix : plus d'incertitude sur nos origines ni sur nos perspectives, mais la pleine sécurité dans l'insoluble, hors du cauchemar de la promesse. Son mérite est à la vérité inappréciable : il nous dispense même de nos regrets, puisqu'il a pris sur lui jusqu'à *l'initiative* de nos échecs.

Il est plus important de retrouver dans la divinité nos vices que nos vertus. Nous nous résignons à nos qualités, alors que nos défauts nous poursuivent, nous travaillent. Pouvoir les projeter dans un dieu susceptible de tomber aussi bas que nous et qui ne soit pas confiné dans la fadeur des attributs communément admis, nous soulage et nous rassure. Le mauvais dieu est le dieu le plus *utile* qui fut jamais. Ne l'aurions-nous pas sous la main, où s'écoulerait notre bile ? N'importe quelle forme de haine se dirige en dernier ressort contre lui. Comme nous croyons tous que nos mérites sont méconnus ou bafoués, comment admettre qu'une iniquité aussi générale soit le fait de l'homme seul ? Elle doit remonter plus haut, et se confondre avec quelque manigance ancienne, avec l'acte même de la création. Nous savons donc à qui nous en prendre, qui vilipender : rien ne nous flatte et ne nous soutient autant que de pouvoir placer la source de notre indignité le plus loin de nous possible.

Quant au dieu proprement dit, bon et débile, nous nous accordons avec lui toutes les fois qu'il ne reste plus trace en nous d'aucun monde, dans ces moments qui le postulent, qui, fixés à lui d'emblée, le suscitent, le *créent*, et pendant lesquels il remonte de nos profondeurs pour la plus grande humiliation de nos sarcasmes. Dieu est le deuil de l'ironie. Il suffit pourtant qu'elle se ressaisisse, qu'elle reprenne le dessus, pour que nos relations avec lui se brouillent et s'interrompent. Nous en avons alors assez de nous interroger à son sujet, nous voulons le chasser de nos préoccupations et de nos fureurs, de notre mépris même. Tant d'autres avant nous lui ont porté des coups, qu'il nous semble oiseux de venir maintenant nous acharner sur un cadavre. Et cependant il compte encore pour nous, ne fût-ce que par le regret de ne l'avoir pas abattu nous-mêmes.

*

Pour éviter les difficultés propres au dualisme, on pourrait concevoir un même dieu dont l'histoire se déroulerait en deux phases : dans la première, sage, exsangue, replié sur soi, sans aucune velléité de se manifester : un dieu *endormi*, exténué par son éternité ; – dans la seconde, entreprenant, frénétique, commettant erreur sur erreur, il se livrerait à une activité condamnable au suprême degré. Cette hypothèse apparaît, à la réflexion, moins nette et moins avantageuse que celle des deux dieux carrément distincts. Mais si on trouve que ni l'une ni l'autre ne rend compte de ce que vaut ce monde, on aura alors toujours la ressource de penser, avec certains gnostiques, qu'il a été tiré au sort entre les anges.

(Il est pitoyable, il est dégradant d'assimiler la divinité à une personne. Jamais elle ne sera une idée ni un principe anonyme pour celui qui a pratiqué les Testaments. Vingt siècles d'altercations ne s'oublient pas du jour au lendemain. Qu'elle s'inspire de Job ou de saint Paul, notre vie religieuse est querelle, outrance, débridement. Les athées, qui manient si volontiers l'invective, prouvent bien qu'ils visent *quelqu'un*. Ils devraient être moins orgueilleux ; leur émancipation n'est pas aussi complète qu'ils le pensent : ils se font de Dieu exactement la même idée que les croyants.)

*

Le créateur est l'absolu de l'homme extérieur ;
l'homme intérieur en revanche considère la création comme un détail gênant, comme un épisode
inutile, voire néfaste. Toute expérience religieuse
profonde commence là où finit le règne du
démiurge. Elle n'a que faire de lui, elle le dénonce,
elle en est la négation. Tant qu'il nous obsède, lui
et le monde, nul moyen d'échapper à l'un et à
l'autre, pour, dans un élan d'anéantissement,
rejoindre le non-créé et nous y dissoudre.

À la faveur de l'extase – dont l'objet est un dieu
sans attributs, une *essence* de dieu – on s'élève
vers une forme d'apathie plus pure que celle du
dieu suprême lui-même, et si on plonge dans le
divin, on n'en est pas moins au-delà de toute forme
de divinité. C'est là l'étape finale, le point d'arri-
vée de la mystique, le point de départ étant la rupture avec le démiurge, le refus de frayer encore
avec lui et d'applaudir à son œuvre. Nul ne s'age-
nouille devant lui ; nul ne le vénère. Les seules
paroles qu'on lui adresse sont des supplications à
rebours, – unique mode de communication entre
une créature et un créateur également déchus.

*

À infliger au dieu officiel les fonctions de père,
de créateur et de gérant, on l'exposa à des atta-
ques auxquelles il devait succomber. Quelle n'eût
pas été sa longévité si on eût écouté un Marcion,

de tous les hérésiarques celui qui s'est dressé avec
le plus de vigueur contre l'escamotage du mal et
qui a le plus contribué à la gloire du mauvais
dieu par la haine qu'il lui a vouée ! Il n'est guère
d'exemple d'une autre religion qui, à ses débuts,
ait gâché autant d'occasions. Nous serions assuré-
ment tout différents si l'ère chrétienne avait été
inaugurée par l'exécration du créateur, car la per-
mission de l'accabler n'eût pas manqué d'alléger
notre fardeau, et de rendre aussi moins oppres-
sants les deux derniers millénaires. L'Église, en
refusant de l'incriminer et d'adopter les doctri-
nes qui n'y répugnaient nullement, allait s'enga-
ger dans l'astuce et le mensonge. Du moins
avons-nous le réconfort de constater que ce qu'il
y a de plus séduisant dans son histoire, ce sont ses
ennemis intimes, tous ceux qu'elle a combattus
et rejetés et qui, pour sauvegarder l'honneur de
Dieu, récusèrent, au risque du martyre, sa qualité de créateur. Fanatiques du néant divin, de
cette absence où se complaît la bonté suprême,
ils connaissaient le bonheur de haïr tel dieu et
d'aimer tel autre sans restriction, sans arrière-
pensée. Emportés par leur foi, ils eussent été
hors d'état de déceler le rien de jonglerie qui
entre jusque dans le tourment le plus sincère. La
notion de *prétexte* n'était pas encore née, ni non
plus cette tentation, toute moderne, de cacher
nos agonies derrière quelque acrobatie théolo-
gique. Une certaine ambiguïté existait pourtant
chez eux : ces gnostiques et ces manichéens en
tout genre, qu'étaient-ils sinon des *pervers* de la
pureté, des obsédés de l'horreur ? Le mal les atti-

rait, les comblait presque : sans lui, leur existence eût été vacante. Ils le pourchassaient, ils
ne le lâchaient pas un instant. Et s'ils soutenaient
avec tant de véhémence qu'il était *incréé*, c'est
qu'ils souhaitaient en secret qu'il subsistât à jamais,
pour en jouir, pour pouvoir exercer, durant l'éternité, leurs vertus combatives. Ayant, par amour
du Père, trop réfléchi à l'Adversaire, ils devaient
finir par mieux comprendre la damnation que le
salut. C'est la raison pourquoi ils avaient si bien
saisi l'essence de l'ici-bas. L'Église, après les avoir
vomis, sera-t-elle assez habile pour s'approprier
leurs thèses, et assez charitable pour mettre en
vedette le créateur, pour l'excommunier enfin ?
Elle ne pourra renaître qu'en déterrant les héré-
sies, qu'en annulant ses anciens anathèmes pour
en prononcer de nouveaux.

*

Timide, dépourvu de dynamisme, le bien est
inapte à se communiquer ; le mal, autrement
empressé, veut se transmettre, et il y arrive
puisqu'il possède le double privilège d'être fas-
cinant et contagieux. Aussi voit-on plus facile-
ment s'étendre, sortir de soi, un dieu mauvais
qu'un dieu bon.

Cette incapacité de demeurer en soi-même,
dont le créateur devait faire une si fâcheuse
démonstration, nous en avons tous hérité :
engendrer c'est continuer d'une autre façon et à
une autre échelle l'entreprise qui porte son
nom, c'est, par une déplorable singerie, ajouter

à sa « création ». Sans l'impulsion qu'il a don-
née, l'envie d'allonger la chaîne des êtres n'existe-
rait pas, ni non plus cette nécessité de souscrire
aux micmacs de la chair. Tout enfantement est
suspect ; les anges, par bonheur, y sont impro-
pres, la propagation de la vie étant réservée aux
déchus. La lèpre est impatiente et avide, elle aime
à se répandre. Il importe de décourager la génération, la crainte de voir l'humanité s'éteindre
n'ayant aucun fondement : quoi qu'il arrive, il y
aura partout assez de niais qui ne demanderont
qu'à se perpétuer, et, si eux-mêmes finissaient par
s'y dérober, on trouvera toujours, pour se dévouer,
quelque couple hideux.

Ce n'est pas tant l'appétit de vivre qu'il s'agit de
combattre, que le goût de la « descendance ». Les
parents, les *géniteurs*, sont des provocateurs ou des
fous. Que le dernier des avortons ait la faculté de
donner vie, de « mettre au monde », – existe-t-il
rien de plus démoralisant ? Comment songer sans
effroi ou répulsion à ce prodige qui fait du premier venu un démiurge sur les bords ? Ce qui
devrait être un don aussi exceptionnel que le génie
a été conféré indistinctement à tous : libéralité
de mauvais aloi qui disqualifie pour toujours la
nature.

L'injonction criminelle de la Genèse : *Croissez
et multipliez* – n'a pu sortir de la bouche du dieu
bon. *Soyez rares*, aurait-il plutôt suggéré, s'il avait
eu voix au chapitre. Jamais non plus il n'a pu
ajouter les paroles funestes : *Et remplissez la terre*.
On devrait, toute affaire cessante, les effacer pour
laver la Bible de la honte de les avoir recueillies.

La chair s'étend de plus en plus comme une gangrène à la surface du globe. Elle ne sait s'imposer des limites, elle continue à sévir malgré ses déboires, elle prend ses défaites pour des conquêtes, elle n'a jamais rien appris. Elle appartient avant tout au règne du créateur, et c'est bien en elle qu'il a projeté ses instincts malfaisants. Normalement, elle devrait atterrer moins ceux qui la contemplent que ceux-là mêmes qui la font durer et en assurent la progression. Il n'en est rien, car ils ne savent pas de quelle aberration ils sont complices. Les femmes enceintes seront un jour lapidées, l'instinct maternel proscrit, la stérilité acclamée. C'est à bon droit que dans les sectes où la fécondité était tenue en suspicion, chez les Bogomiles et les Cathares, on condamnait le mariage, institution abominable que toutes les sociétés protègent depuis toujours, au grand désespoir de ceux qui ne cèdent pas au vertige commun. Procréer, c'est aimer le fléau, c'est vouloir l'entretenir et augmenter. Ils avaient raison ces philosophes antiques qui assimilaient le Feu au principe de l'univers, et du désir. Car le désir brûle, dévore, anéantit : tout ensemble agent et destructeur des êtres, il est sombre, il est infernal par essence.

Ce monde ne fut pas créé dans la joie. On procrée pourtant dans le plaisir. Oui, sans doute, mais le plaisir n'est pas la joie, il en est le simulacre : sa fonction consiste à donner le change, à nous faire oublier que la création porte, jusque dans le moindre détail, la marque de cette tristesse initiale dont elle est issue. Nécessairement trompeur, c'est lui encore qui nous permet d'exécuter certaine performance qu'en théorie nous réprouvons. Sans son concours, la continence, gagnant du terrain, séduirait même les rats. Mais c'est dans la volupté que nous comprenons à quel point le plaisir est illusoire. Par elle, il atteint son sommet, son maximum d'intensité, et c'est là, au comble de sa réussite, qu'il s'ouvre soudain à son irréalité, qu'il s'effondre dans son propre néant. La volupté est le *désastre* du plaisir.

On ne peut consentir qu'un dieu, *ni même un homme*, procède d'une gymnastique couronnée d'un grognement. Il est étrange qu'au bout d'une si longue période de temps, l'« évolution » n'ait pas réussi à mettre au point une autre formule. Pourquoi se serait-elle fatiguée d'ailleurs, quand celle qui a cours fonctionne à plein et convient à tout le monde ? Entendons-nous : la vie en elle-même n'est pas en cause, elle est mystérieuse et harassante à souhait ; ce qui ne l'est pas, c'est l'exercice en question, d'une inadmissible facilité, *vu ses conséquences*. Lorsqu'on sait ce que le destin dispense à chacun, on demeure interdit devant la disproportion entre un moment d'oubli et la somme prodigieuse de disgrâces qui en résulte. Plus on retourne ce sujet, plus on trouve que les seuls à y avoir entendu quelque chose sont ceux qui ont opté pour l'orgie ou pour l'ascèse, les débauchés ou les châtrés.

Comme procréer suppose un égarement sans nom, il est certain que si nous devenions sensés, c'est-à-dire indifférents au sort de l'espèce, nous en garderions quelques échantillons seulement, comme on conserve des spécimens d'animaux en voie de disparition. Barrons la route à la chair, essayons d'en paralyser l'effrayante poussée. Nous assistons à une véritable épidémie de vie, à un foisonnement de visages. Où et comment rester encore face à face avec Dieu ?

La hantise de l'horreur, nul n'y est sujet continuellement ; il nous arrive de nous en détourner, de l'oublier presque, surtout lorsque nous contemplons quelque paysage d'où nos semblables sont absents. Dès qu'ils y apparaissent, elle se réinstalle dans l'esprit. Si on penchait à absoudre le créateur, à considérer ce monde comme acceptable et même satisfaisant, il faudrait encore faire des réserves sur l'homme, ce point noir de la création.

*

Il nous est loisible de nous figurer que le démiurge, pénétré de l'insuffisance ou de la nocivité de son œuvre, veuille un jour la faire périr, et même qu'il s'arrange pour disparaître avec elle. Mais on peut concevoir aussi que de tout temps il ne s'emploie qu'à se détruire et que le devenir se ramène au processus de cette lente autodestruction. Processus traînant ou haletant, dans les deux éventualités il s'agirait d'un retour sur soi, d'un examen de conscience, dont l'issue serait le rejet de la création par son auteur.

Ce qu'il y a en nous de plus ancré et de moins perceptible, c'est le sentiment d'une faillite essentielle, secret de tous, dieux y compris. Et ce qui est remarquable, c'est que, ce sentiment, la plupart sont loin de deviner qu'ils l'éprouvent. Nous sommes du reste, par une faveur spéciale de la nature, voués à ne pas en prendre conscience : la force d'un être réside dans son incapacité de savoir à quel point il est seul. Ignorance bénie, grâce à laquelle il peut s'agiter et agir. Vient-il d'avoir la révélation de son secret ? son ressort se brise aussitôt, irrémédiablement. C'est ce qui est arrivé au créateur, ou ce qui lui arrivera, peut-être.

*

Avoir vécu depuis toujours avec la nostalgie de coïncider avec quelque chose, sans, à vrai dire, savoir avec quoi… Il est aisé de passer de l'incroyance à la croyance, ou inversement. Mais à quoi se convertir, et quoi abjurer, au milieu d'une lucidité chronique ? Dépourvue de substance, elle n'offre aucun contenu qu'on puisse renier ; elle est vide, et on ne renie pas le vide : la lucidité est l'équivalent négatif de l'extase.

Qui ne coïncide avec rien, ne coïncidera pas davantage avec lui-même ; d'où ces appels sans foi, ces convictions vacillantes, ces fièvres privées de ferveur, ce dédoublement dont sont victimes nos idées et jusqu'à nos réflexes. L'équivoque, qui règle tous nos rapports avec ce monde et avec l'autre, nous la gardions au début pour nous ; nous l'avons ensuite répandue alentour, afin que personne n'y échappe, afin qu'aucun vivant ne sache encore à quoi s'en tenir. Plus rien de *net* nulle part : par notre faute les choses elles-mêmes chancellent et s'enfoncent dans la perplexité. Ce qu'il nous faudrait, c'est ce don d'imaginer la possibilité de prier, indispensable à quiconque poursuit son salut. L'enfer, c'est la prière *inconcevable*.

L'instauration d'une équivoque universelle est l'exploit le plus calamiteux que nous ayons accompli et qui nous pose en rivaux du démiurge.

*

Nous ne fûmes heureux qu'aux époques où, avides d'effacement, nous acceptions notre néant avec enthousiasme. Le sentiment religieux n'émane pas de la constatation mais du désir de notre insignifiance, du besoin de nous y vautrer. Ce besoin, inhérent à notre nature, comment se satisfera-t-il maintenant que nous ne pouvons plus vivre à la remorque des dieux ? En d'autres temps, c'étaient eux qui nous abandonnaient ; c'est nous, aujourd'hui, qui les abandonnons. Nous avons vécu auprès d'eux trop longtemps, pour qu'ils trouvent encore grâce à nos yeux ; toujours à notre portée, nous les entendions *remuer* ; ils nous guettaient, ils nous espionnaient : nous n'étions plus chez nous... Or, comme l'expérience nous l'enseigne, il n'existe pas d'être plus odieux que le voisin. Le fait de le savoir si proche dans l'espace nous empêche de respirer et rend également impraticables nos jours et nos nuits. Nous avons beau, heure après heure, méditer sa ruine, il est là, atrocement présent. Le supprimer, toutes nos pensées nous y invitent ; lorsque nous nous y décidons enfin, un sursaut de lâcheté nous saisit, juste avant l'acte. Ainsi sommes-nous meurtriers en puissance de ceux qui vivent dans nos parages ; et de ne pouvoir l'être en fait, nous nous rongeons et nous nous aigrissons, velléitaires et ratés du sang.

Si, avec les dieux, tout eut l'air plus simple, c'est que leur indiscrétion étant immémoriale, il nous fallait en finir coûte que coûte : n'étaient-ils pas trop encombrants pour qu'il fût possible de les ménager encore ? Ainsi s'explique qu'à la clameur générale contre eux, aucun de nous ne pouvait manquer de mêler sa petite voix.

*

Quand nous songeons à ces compagnons ou ennemis plusieurs fois millénaires, à tous les patrons des sectes, des religions et des mythologies, le seul dont il nous répugne de nous séparer est ce démiurge, auquel nous attachent les maux mêmes dont il nous importe qu'il soit la cause. C'est à lui que nous pensons à propos du moindre acte de vie et de la vie tout court. Chaque fois que nous le considérons, que nous en scrutons les origines, elle nous émerveille et nous fait peur ; c'est un miracle effrayant, qui doit provenir de *lui*, dieu spécial, complètement à part. Il ne sert à rien de soutenir qu'il n'existe pas, quand nos stupeurs quotidiennes sont là pour exiger sa réalité et la proclamer. Opposera-t-on qu'il a peut-être existé mais qu'il est mort comme les autres ? elles ne se laisseraient pas décourager, elles s'emploieraient à le ressusciter et il durerait aussi longtemps que notre émerveillement et notre peur, que cette curiosité effarée devant tout ce qui est, devant tout ce qui vit. On dira : « Triomphez de la peur, pour que l'émerveillement seul subsiste. » Mais pour la vaincre, pour la faire disparaître, il faudrait l'attaquer dans son principe et en démolir les fondements, rebâtir ni plus ni moins le monde dans sa totalité, changer allégrement de démiurge, s'en remettre en somme à un *autre* créateur.

Pensées étranglées

I

Une interrogation ruminée indéfiniment vous sape autant qu'une douleur sourde.

*

Dans quel auteur ancien ai-je lu que la tristesse était due au « ralentissement » du sang ? Elle est bien cela : du sang *stagnant*.

*

On est fini, on est un mort-vivant, non quand on cesse d'aimer mais de haïr. La haine conserve : c'est en elle, dans sa chimie, que réside le « mystère » de la vie. Ce n'est pas pour rien qu'elle est encore le meilleur fortifiant qu'on ait jamais trouvé, toléré de plus par n'importe quel organisme, si débile soit-il.

*

Il faut penser à Dieu et non à la religion, à l'extase et non à la mystique.

La différence entre le théoricien de la foi et le croyant est aussi grande qu'entre le psychiatre et le fou.

*

C'est le propre d'un esprit riche de ne pas reculer devant la niaiserie, cet épouvantail des délicats ; d'où leur stérilité.

*

Former plus de projets que n'en conçoit un explorateur ou un escroc, et être cependant atteint à la racine même de la volonté.

*

Qu'est-ce qu'un « contemporain » ? Quelqu'un qu'on aimerait tuer, sans trop savoir comment.

*

Le raffinement est signe de vitalité déficiente, en art, en amour et en tout.

*

Tiraillement de chaque instant entre la nostalgie du déluge et l'ivresse de la routine.

*

Avoir le vice du scrupule, être un automate du remords.

*

Bonheur terrifiant. Des veines où se dilatent des milliers de planètes.

*

La chose la plus difficile au monde est de se mettre au diapason de l'être, et d'en attraper le *ton*.

*

La maladie donne de la saveur au dénuement, elle corse, elle *relève* la pauvreté.

*

L'esprit n'avance que s'il a la patience de tourner en rond, c'est-à-dire d'*approfondir*.

*

Premier devoir, au lever : rougir de soi.

*

La peur aura été l'inépuisable nourriture de sa vie. Il était enflé, bourré, obèse de peur.

*

Le lot de celui qui s'est trop révolté est de n'avoir plus d'énergie que pour la déception.

*

Il n'est pas d'affirmation plus fausse que celle d'Origène, suivant laquelle chaque âme a le corps qu'elle mérite.

*

Dans tout prophète coexistent le goût de l'avenir et l'aversion pour le bonheur.

*

Souhaiter la gloire, c'est aimer mieux mourir méprisé qu'oublié.

*

Penser tout à coup qu'on a un *crâne* – et ne pas en perdre la raison !

*

La souffrance vous fait vivre le temps en détail, instant après instant. C'est dire s'il existe pour vous ! Il glisse sur les autres, sur ceux qui ne souffrent pas ; aussi est-il vrai qu'ils ne vivent pas dans le temps, et même qu'ils n'y ont jamais vécu.

*

Le sentiment de malédiction, le connaît celui-là seul qui sait qu'il l'éprouverait au cœur même du paradis.

*

Toutes nos pensées sont fonction de nos misères. Si nous comprenons certaines choses, le mérite en revient aux lacunes de notre santé, uniquement.

*

Si on ne croyait pas à son « étoile », on ne pourrait sans effort exécuter le moindre acte : boire un verre d'eau paraîtrait une entreprise gigantesque et même insensée.

*

On vous demande des actes, des preuves, des œuvres, et tout ce que vous pouvez produire ce sont des pleurs *transformés*.

*

L'ambitieux ne se résigne à l'obscurité qu'après avoir épuisé toutes les réserves d'amertume dont il disposait.

*

Je rêve d'une langue dont les mots, comme des poings, fracasseraient les mâchoires.

*

N'avoir de goût que pour l'hymne, le blasphème, l'épilepsie…

*

Concevoir une pensée, une seule et unique pensée, – mais qui mettrait l'univers en pièces.

*

Ce n'est que dans la mesure où nous ne nous connaissons pas nous-mêmes qu'il nous est possible de nous réaliser et de produire. Est fécond celui qui se trompe sur les motifs de ses actes, qui répugne à peser ses défauts et ses mérites, qui pressent et redoute l'impasse où nous conduit la vue exacte de nos capacités. Le créateur qui devient transparent à lui-même ne crée plus : se connaître, c'est étouffer ses dons et son démon.

*

Il n'existe aucun moyen de *démontrer* qu'il est préférable d'être que de ne pas être.

*

« Ne laisse jamais la mélancolie t'envahir, car elle empêche tout bien », est-il dit dans le sermon de Tauler sur le « bon emploi de la journée ».

Le mauvais usage que j'aurai fait de chacun de mes jours !

*

J'ai refoulé tous mes enthousiasmes ; mais ils existent, ils constituent mes réserves, mon fonds inexploité, mon *avenir*, peut-être.

*

L'esprit *défoncé* par la lucidité.

*

Mes doutes n'ont pu avoir raison de mes automatismes. Je continue à faire des gestes auxquels il m'est impossible d'adhérer. Surmonter le drame de cette *insincérité*, ce serait me renier et m'annuler.

*

On ne croit réellement qu'aussi longtemps que l'on ignore qui l'on doit implorer. Une religion n'est vivante qu'avant l'élaboration des prières.

*

Toute forme d'impuissance et d'échec comporte un caractère positif *dans l'ordre métaphysique*.

*

Rien ne pourra m'ôter de l'esprit que ce monde est le fruit d'un dieu ténébreux dont je prolonge l'ombre, et qu'il m'appartient d'épuiser les conséquences de la malédiction suspendue sur lui et sur son œuvre.

*

La psychanalyse sera un jour complètement discréditée, nul doute là-dessus. Il n'empêche qu'elle aura détruit nos derniers restes de naïveté. Après elle, on ne pourra plus jamais être *innocent*.

*

La nuit même où je décrétai que nos rêves n'avaient aucun rapport avec notre vie profonde et qu'ils relevaient de la mauvaise littérature, je ne m'endormis que pour assister au défilé de mes terreurs les plus anciennes et les plus cachées.

*

Ce qu'on appelle « force d'âme », c'est le courage de ne pas nous figurer *autrement* notre destin.

*

Un écrivain digne de ce nom se confine dans sa langue maternelle et ne va pas fureter dans tel ou tel idiome. Il est borné et il veut l'être, par auto-défense. Rien ne ruine plus sûrement un talent qu'une trop grande ouverture d'esprit.

*

Le devoir primordial du moraliste est de dépoétiser sa prose ; ensuite seulement d'obser-ver les hommes.

*

« Monsieur, que la nature nous a mal conçus ! » me disait un jour une vieille. – « C'est la nature elle-même qui est mal conçue », aurais-je dû lui répondre, si j'avais écouté mes réflexes mani-chéens.

*

L'irrésolution atteignait chez lui au rang de mission. N'importe qui lui faisait perdre tous ses moyens. Il était incapable de prendre une déci-sion *devant* un visage.

*

Il est, tout compte fait, plus agréable d'être surpris par les événements, que de les avoir prévus. Lorsqu'on épuise ses forces dans la vision du malheur, comment affronter le malheur même ? Cassandre se tourmente doublement : avant et pendant le désastre, alors qu'à l'optimiste sont épargnées les affres de la prescience.

*

Au dire de Plutarque, on n'allait plus, au Ier siècle de notre ère, à Delphes, que pour y poser des questions mesquines (mariage, achats, etc.).

La décadence de l'Église imite celle des oracles.

*

« Le naïf est une nuance du bas », a dit Fontenelle. Il est des mots qui sont la clef d'un pays, parce qu'ils nous livrent le secret de ses limites.

*

Napoléon, à Sainte-Hélène, aimait à feuilleter de temps en temps une grammaire... Par là, du moins, il prouvait qu'il était *français*.

*

Après-midi de dimanche. Rues encombrées d'une foule hagarde, exténuée, pitoyable, – avortons de partout, restes des continents, vomissure du globe. On pense à la Rome des Césars, submer-

gée par la lie de l'empire. Tout centre du monde
en est le dépotoir.

*

La disparition des animaux est un fait d'une
gravité sans précédent. Leur bourreau a envahi
le paysage ; il n'y a plus de place que pour lui.
L'horreur d'apercevoir un homme là où l'on pouvait contempler un cheval !

*

Le rôle de l'insomnie dans l'histoire, de Caligula
à Hitler. L'impossibilité de dormir est-elle cause ou
conséquence de la cruauté ? Le tyran *veille* – c'est
ce qui le définit en propre.

*

Mot d'un mendiant : « Quand on prie à côté
d'une fleur, elle pousse plus vite. »

*

L'anxiété n'est pas difficile, elle s'accommode
de tout, car il n'y a rien qui ne lui agrée. Le premier prétexte venu, un fait divers éminemment
quelconque, elle le presse, le choie, en extrait un
malaise médiocre mais sûr dont elle se repaît. Elle
se contente vraiment de peu, tout lui étant bon.
Velléitaire, inaboutie, elle manque de classe : elle
se voudrait angoisse et n'est qu'angoissement.

*

D'où vient que, dans la vie comme dans la littérature, la révolte, même pure, a quelque chose
de faux, alors que la résignation, fût-elle issue de
la veulerie, donne toujours l'impression du vrai ?

*

Tassés sur les bords de la Seine, quelques mil-
lions d'aigris élaborent ensemble un cauchemar,
qu'envie le reste du monde.

*

Ce qu'on appelle communément « avoir du souf-
fle », c'est être prolixe.

*

Sa stérilité était infinie : elle participait de
l'extase.

*

Certitude de forfaire à mon devoir, de ne pas
accomplir ce pour quoi je suis né, de laisser passer les heures sans en tirer un profit, fût-il négatif.
Ce dernier reproche n'est cependant pas justifié,
l'ennui, ma plaie, étant exactement ce profit para-
doxal.

*

Être naturellement combatif, agressif, intolé-
rant – et ne pouvoir se réclamer d'aucun dogme !

*

Devant cet insecte, gros comme un point, qui
courait sur ma table, ma première réaction fut charitable : l'écraser, puis je décidai de l'abandon-
ner à son affolement. À quoi bon l'en délivrer ?
Seulement, j'aurais tant voulu savoir *où* il allait !

*

L'anxieux construit ses terreurs, puis s'y installe : c'est un pantouflard du vertige.

*

Il est impossible de savoir pourquoi une idée
s'empare de nous pour ne plus nous lâcher. On
dirait qu'elle surgit du point le plus faible de notre
esprit ou, plus précisément, du point le plus
menacé de notre cerveau.

*

Expert à dissimuler sa morgue, le sage est
quelqu'un qui ne *daigne* pas espérer.

*

Cette crispation soudaine, cette attente que quelque chose se passe, que le sort de l'esprit se décide...

*

La folie n'est peut-être qu'un chagrin *qui n'évolue plus*.

*

Ces moments où il nous semble impossible de disparaître jamais, où la vie et la mort perdent toute réalité, où ni l'une ni l'autre ne peuvent encore nous toucher...

*

C'est une erreur que de confondre abattement et pensée. À ce titre, le premier venu qui ferait de la dépression deviendrait automatiquement penseur.

Le comble est qu'il le devient, en effet.

*

L'expérience de l'Inanité, qui se suffit à elle-même, comporte en plus de telles vertus philosophiques qu'on ne voit pas pourquoi on chercherait ailleurs. Qu'importe que par elle on ne découvre rien si grâce à elle on comprend tout !

*

Vivre est une impossibilité dont je n'ai cessé de prendre conscience, jour après jour, pendant, disons, quarante ans...

*

La seule fonction de la mémoire est de nous aider à *regretter*.

*

Je me figure distinctement le moment où il n'y aura plus trace de chair nulle part, et je continue néanmoins comme si de rien n'était. Comment définir cet état où la conscience n'affaiblit pas le désir, où elle le stimule au contraire, à la façon, il est vrai, dont le ver *éveille* le fruit ?

*

La continuité de la réflexion est gênée, et même brisée, chaque fois qu'est ressentie la présence physique du cerveau. C'est là peut-être la raison pourquoi les fous ne pensent que *par éclairs*.

*

L'envie vous prend parfois de crier aux ci-devant dieux : « Faites donc un petit effort, tâchez de réexister ! »

J'ai beau maugréer contre tout ce qui est, j'y suis néanmoins attaché – si j'en juge d'après ces

malaises qui s'apparentent aux premiers symptô-
mes de l'être.

*

Le sceptique est l'homme le moins mystérieux qui soit, et cependant, à partir d'un certain moment, il n'appartient plus à ce monde.

II

Une œuvre ne saurait surgir de l'indifférence ni
même de la sérénité, cette indifférence décantée,
achevée, victorieuse. Au plus fort d'une épreuve,
on est surpris de trouver si peu d'ouvrages qui
puissent apaiser et consoler. Comment le pour-
raient-ils, quand ils sont eux-mêmes le produit de
l'inapaisement et de l'inconsolation ?

*

Tout commencement d'idée correspond à une
imperceptible lésion de l'esprit.

*

Sur la cheminée, l'image d'un chimpanzé et une
statuette du Bouddha. Ce voisinage plutôt acci-
dentel que voulu est cause que je me demande
sans cesse *où* peut bien être ma place entre ces
deux extrêmes, entre la pré- et la trans-figuration
de l'homme.

*

Est morbide moins l'excès que l'*absence* de peur. Je songe à cette amie que rien n'effrayait jamais, qui ne pouvait même pas se représenter un danger, de quelque ordre fût-il. Tant de liberté, tant de sécurité devait un jour la mener droit à la camisole de force.

*

Dans la certitude d'être incompris, il entre autant d'orgueil que de honte. D'où le caractère équivoque de n'importe quel échec. On en tire vanité d'une part, et on se mortifie de l'autre. Que toute défaite est impure !

*

Incurable – adjectif d'honneur dont ne devrait bénéficier qu'une seule maladie, la plus terrible de toutes : le Désir.

*

On appelle injustement imaginaires des maux qui ne sont que trop réels au contraire, puisqu'ils procèdent de notre esprit, seul régulateur de notre équilibre et de notre santé.

*

Tout néophyte étant un trouble-fête, dès que quelqu'un s'emballe pour n'importe quoi, fût-ce pour mes lubies, je m'apprête à rompre, en attendant de me venger.

*

Porté au ressentiment, j'y cède souvent et le remâche, et ne m'arrête que lorsque je me *rappelle* que j'ai envié tel ou tel sage, que j'ai même cru lui ressembler.

*

Ces moments où l'on souhaite être absolument seul parce que l'on est sûr que, face à face avec soi, on sera à même de trouver des vérités rares, uniques, inouïes, – puis la déception, et bientôt l'aigreur, lorsqu'on découvre que de cette solitude enfin atteinte, rien ne sort, rien ne pouvait sortir.

*

À certaines heures, à la place du cerveau, sensation très précise de néant usurpateur, de steppe qui s'est substituée aux idées.

*

Souffrir, c'est *produire* de la connaissance.

*

La pensée est destruction dans son essence. Plus exactement : dans son *principe*. On pense, on commence à penser, pour rompre des liens, dissoudre des affinités, compromettre la charpente du « réel ». Ce n'est qu'ensuite, lorsque le travail de sape est bien engagé, que la pensée se ressaisit et s'insurge contre son mouvement naturel.

*

Alors que la tristesse se justifie tant par le raisonnement que par l'observation, la joie ne repose sur rien, elle relève de la divagation. Il est impossible d'être joyeux par le pur fait de vivre ; on est triste en revanche dès qu'on ouvre les yeux. La perception comme telle rend sombre, témoin les animaux. Il n'est guère que les souris qui paraissent être gaies sans effort.

*

Sur le plan spirituel, toute douleur est une chance ; sur le plan spirituel seulement.

*

Je ne peux rien entreprendre qu'en faisant abstraction de ce que je *sais*. Dès que je l'envisage et que j'y pense, ne fût-ce qu'une seconde, je perds courage, je me défais.

*

Les choses ne cessant de se dégrader de génération en génération, prédire des catastrophes est une activité normale, un devoir de l'esprit. Le mot de Talleyrand sur l'Ancien Régime convient à n'importe quelle époque, sauf à celle où l'on vit, et à celle où l'on vivra. La « douceur » en question va en diminuant ; un jour elle aura disparu tout à fait. Dans l'histoire, on est toujours au seuil du pire. C'est ce qui la rend intéressante, c'est ce qui fait qu'on la hait, qu'on n'arrive pas à s'en détacher.

*

On peut donner pour certain que le XXIe siècle, autrement avancé que le nôtre, regardera Hitler et Staline comme des enfants de chœur.

*

Basilide, le gnostique, est un des rares esprits à avoir compris, au début de notre ère, ce qui maintenant constitue un lieu commun, à savoir que l'humanité, si elle veut se sauver, doit rentrer dans ses limites naturelles par le retour à l'ignorance, véritable signe de rédemption.

Ce lieu commun, hâtons-nous de le dire, demeure encore clandestin : chacun le murmure mais se garde bien de le proclamer. Quand il deviendra slogan, un pas considérable en avant aura été accompli.

*

Dans la vie de tous les jours, les hommes agissent par calcul ; dans les options décisives, ils en font à leur tête, et on ne comprend rien aux drames individuels ni collectifs si on perd de vue ce comportement inattendu. Que nul ne se penche sur l'histoire s'il ne perçoit avec quelle rareté s'y manifeste l'instinct de conservation. Tout se passe comme si le réflexe de défense ne jouait que devant un danger quelconque et cessait devant un désastre de taille.

*

Regardez la gueule de celui qui a réussi, qui a *peiné*, dans n'importe quel domaine. Vous n'y découvrirez pas la moindre trace de pitié. Il a l'étoffe dont est fait un *ennemi*.

*

Des journées entières, envie de perpétrer un attentat contre les cinq continents, sans réfléchir un seul instant aux *moyens*.

*

Mon énergie ne s'anime *qu'en dehors du temps*, et je me sens un véritable Hercule aussitôt que je me transplante en imagination dans un univers où sont supprimées les conditions mêmes de l'acte.

*

« L'horreur et l'extase de la vie » – vécues simultanément, comme une expérience à l'intérieur du même instant, de chaque instant.

*

La quantité de fatigue qui se *repose* dans mon cerveau !

*

Avec le Diable j'ai en commun la mauvaise humeur, je suis comme lui cafardeux par décret divin.

*

Les livres que je lis avec le plus d'intérêt portent sur la mystique et la diététique. Y aurait-il un rapport entre elles ? Oui sans doute, dans la mesure où mystique implique ascèse, c'est-à-dire régime, plus précisément diète.

*

« Ne mange rien que tu ne l'aies semé et récolté de ta main » – cette recommandation de la sagesse védique est si légitime et si convaincante que, par rage de ne pouvoir s'y conformer, on voudrait se laisser mourir de faim.

*

Allongé, je ferme les yeux. Tout à coup, un gouffre se creuse, comme un puits qui, à la recherche de l'eau, perforerait le sol avec une vitesse proche du vertige. Entraîné dans cette frénésie, dans ce vide s'enfantant indéfiniment lui-même, je me confonds avec le principe de génération du gouffre, et, bonheur inespéré, je me trouve ainsi une occupation et même une mission.

*

Quand Pyrrhon s'entretenait avec quelqu'un, si son interlocuteur s'en allait, il continuait de parler comme si de rien n'était. Cette force d'indifférence, cette discipline du mépris, j'en rêve avec une impatience de détraqué.

*

Ce qu'un ami attend, ce sont des ménagements, des mensonges, des consolations, toutes choses qui impliquent effort, travail de réflexion, contrôle de soi. Le souci permanent de délicatesse que l'amitié suppose est antinaturel. Vivement les indifférents ou les ennemis pour qu'on puisse respirer un peu !

*

À force de m'appesantir sur mes misères passées et futures, j'ai négligé celles du présent : ce

qui m'a permis de les supporter plus aisément
que si j'y avais consacré mes réserves d'attention.

*

Le sommeil servirait à quelque chose si chaque
fois que l'on s'endort on s'exerçait à se voir mourir ; au bout de quelques années d'entraînement,
la mort perdrait tout prestige et n'apparaîtrait
plus que comme une formalité ou une tracasse-
rie.

*

Dans la carrière d'un esprit qui a liquidé préjugé après préjugé, survient un moment où il
lui est tout aussi aisé de devenir un saint qu'un
escroc en tout genre.

*

La cruauté – notre trait le plus ancien – on la
qualifie rarement d'empruntée, de simulée, d'appa-
rente, dénominations propres en revanche à la
bonté, qui, récente, acquise, n'a pas de racines
profondes : c'est une invention tardive, intrans-
missible, que chacun s'évertue à réinventer et n'y
parvient que par à-coups, dans ces moments où
sa nature s'éclipse, où il triomphe de ses ancêtres
et de lui-même.

*

Souvent je m'imagine montant sur le toit, attrapant le vertige, et puis, sur le point de tomber, poussant un cri. « Imaginer » n'est pas le mot, car je suis *obligé* d'imaginer cela. La pensée du meurtre doit venir de la même façon.

*

Si on veut ne jamais oublier quelqu'un, y penser constamment, s'y attacher pour toujours, il ne faut pas s'employer à l'aimer mais à le haïr. Selon une croyance hindoue, certains démons sont le fruit d'un vœu, fait dans une vie antérieure, de s'incarner dans un être acharné contre Dieu afin de mieux pouvoir y songer et l'avoir sans arrêt présent à l'esprit.

*

La mort est l'arôme de l'existence. Elle seule prête goût aux instants, elle seule en combat la fadeur. Nous lui devons à peu près tout. Cette dette de reconnaissance que de loin en loin nous consentons à lui payer est ce qu'il y a de plus réconfortant ici-bas.

*

C'est durant nos veilles que la douleur accomplit sa mission, qu'elle se réalise et s'épanouit.

Elle est alors illimitée comme la nuit, qu'elle *imite*.

*

On ne devrait éprouver aucune espèce d'inquiétude tant qu'on dispose de l'idée de malchance. Aussitôt qu'on l'invoque, on s'apaise, on supporte tout, on est presque content de subir injustices et infirmités. N'importe quoi devenant par elle intelligible, point ne faut s'étonner que l'abruti et l'éveillé y recourent pareillement. C'est qu'elle n'est pas une explication, elle est l'explication même, qui se renforce de l'échec inévitable de toutes les autres.

*

Dès que l'on fouille le moindre souvenir, on se met en état de crever de rage.

*

D'où vient cette vision monotone, quand les maux qui l'ont suscitée et entretenue sont on ne peut plus divers ? C'est qu'elle les a assimilés et n'en a conservé que l'essence, laquelle leur est commune à tous.

*

Est bavardage toute conversation avec quelqu'un qui n'a pas souffert.

*

Minuit. Tension voisine du haut mal. Envie de tout faire sauter, efforts pour ne pas éclater en morceaux. Chaos imminent.

On peut ne rien valoir par soi-même, et être quelqu'un par ce qu'on ressent. Mais on peut aussi n'être pas à la hauteur de ses sensations.

*

En théorie, il m'importe aussi peu de vivre que de mourir ; en pratique, je suis travaillé par toutes les anxiétés qui ouvrent un abîme entre la vie et la mort.

*

Les bêtes, les oiseaux, les insectes ont tout résolu depuis toujours. Pourquoi vouloir faire mieux ? La nature répugne à l'originalité, elle refuse, elle exècre l'*homme*.

*

Le tourment chez certains est un besoin, un appétit, et un accomplissement. Partout ils se sentent diminués, sauf en enfer.

*

Dans le sang une inépuisable goutte de vinaigre : à quelle fée en suis-je redevable ?

*

L'envieux ne vous pardonne rien, et il jalousera jusqu'à vos déconfitures, jusqu'à vos hontes.

*

La médiocrité de mon chagrin aux enterrements. Impossible de plaindre les défunts ; inversement, toute naissance me jette dans la consternation. Il est incompréhensible, il est insensé qu'on puisse *montrer* un bébé, qu'on exhibe ce désastre virtuel et qu'on s'en réjouisse.

*

Tu es hanté par le détachement, la pureté, le nirvâna, et cependant *quelqu'un* en toi chuchote : « Si tu avais le courage de formuler ton vœu le plus secret, tu dirais : "Je voudrais avoir inventé tous les vices." »

*

Il ne sert de rien d'être un monstre si on n'est pas doublé d'un théoricien du « monstrueux ».

*

Tu as laissé dépérir ce qu'il y avait de mieux en toi. Plus soigneux, tu n'aurais pas trahi ta véritable vocation, qui était celle de tyran ou d'ermite.

*

S'en prendre à tout bout de champ à soi-même, c'est faire preuve d'un grand souci de vérité et de justice ; c'est atteindre, c'est frapper le vrai coupable. Malheureusement c'est aussi l'intimider et le paralyser et, par là même, le rendre inapte à s'améliorer.

*

Ces colères qui vous enlèvent la peau, la chair, et vous réduisent à l'état de squelette tremblant !

*

Après certaines nuits, on devrait changer de nom, puisqu'aussi bien on n'est plus le même.

*

Qui êtes-vous ? – Je suis un *étranger* pour la police, pour Dieu, pour moi-même.

*

Depuis des années, je m'extasie sur les vertus de l'Impassibilité, et il ne se passe pas de jour que je ne traverse une crise de violence qui, non réprimée, justifierait un internement. Ces convulsions se déroulent le plus souvent sans témoins mais, à vrai dire, presque toujours à cause de quelqu'un. Mes délires manquent de tenue : ils sont trop plébéiens, trop terre à terre pour savoir s'émanciper d'une cause.

*

Il m'est impossible de traiter de rien d'extérieur, d'objectif, d'impersonnel, à moins que ce ne soit de *maux*, c'est-à-dire de ce qui, chez autrui, me fait penser à moi.

*

La désolation qu'expriment les yeux du gorille. Un mammifère funèbre. Je descends de son regard.

*

Que l'on envisage l'individu ou l'humanité dans son ensemble, on ne doit pas confondre avancer et progresser, à moins d'admettre qu'aller vers la mort ne soit un *progrès*.

*

La terre remonte, paraît-il, à cinq milliards d'années, la vie à deux ou trois. Ces chiffres contiennent toutes les consolations souhaitables. Il faudrait s'en souvenir dans les moments où l'on se prend au sérieux, où l'on *ose* souffrir.

*

Plus on bafouille, plus on s'astreint à mieux écrire. On se venge ainsi de n'avoir pu être orateur. Le bègue est un styliste-né.

*

Ce qu'il est difficile de comprendre, ce sont les natures fécondes, généreuses, toujours contentes de s'affairer, de produire. Leur énergie paraît démesurée, et cependant on n'arrive pas à la leur envier. Elles peuvent être n'importe quoi, parce qu'au fond elles ne sont rien : des fantoches dynamiques, des nullités aux dons inépuisables.

*

Ce qui m'empêche de descendre dans l'arène, c'est que j'y vois trop d'esprits que j'admire mais n'estime pas, tant ils me paraissent naïfs. Pourquoi les provoquer, pourquoi me mesurer avec eux sur la même piste ? Ma lassitude me confère une telle supériorité, qu'il ne me semble guère possible qu'ils me rattrapent jamais.

*

On peut penser à la mort tous les jours et cependant persévérer allégrement dans l'être ; il n'en va pas de même si on pense sans cesse à *l'heure* de sa mort ; celui qui n'aurait que cet instant-là en vue, commettrait un attentat contre tous ses autres instants.

*

On s'est étonné que la France, nation légère, ait produit un Rancé, fondateur de l'ordre le plus austère ; peut-être faudrait-il s'étonner davantage que l'Italie, nation autrement frivole, ait donné Leopardi, le plus grave de tous les poètes.

*

Le drame de l'Allemagne est de n'avoir pas eu un Montaigne. Quelle chance pour la France d'avoir *commencé* avec un sceptique !

*

Dégoûté par les nations, je me tourne vers la Mongolie où il doit faire bon vivre, où il y a plus de chevaux que d'hommes, où le *yahou* ne l'a pas encore emporté.

*

Toute idée féconde tourne en pseudo-idée, dégénère en croyance. Il n'est guère qu'une idée stérile qui conserve son statut d'idée.

*

Je me croyais plus exempt de vanité qu'un autre : un rêve récent devait me détromper. Je venais de mourir. On m'apporte un cercueil en bois blanc. « Vous auriez pu mettre tout de même un peu de vernis dessus ! » – me suis-je écrié avant de me ruer sur les croque-morts pour les frapper. Une bagarre s'ensuivit. Puis ce fut le réveil, et la honte.

*

Cette fièvre qui ne mène à aucune découverte, qui n'est porteuse d'aucune idée mais qui vous donne un sentiment de puissance quasi divin, lequel s'évanouit dès que vous essayez de le définir, – à quoi correspond-elle, et que peut-elle valoir ? Peut-être ne rime-t-elle à rien, peut-être va-t-elle plus loin que n'importe quelle expérience métaphysique.

*

Le bonheur, c'est être dehors, marcher, regarder, s'amalgamer aux choses. Assis, on tombe en proie au pire de soi-même. L'homme n'a pas été créé pour être rivé à une chaise. Mais peut-être ne méritait-il pas mieux.

*

Pendant l'insomnie, je me dis, en guise de consolation, que ces heures dont je prends conscience, je les arrache au néant, et que, si je dormais, elles ne m'auraient jamais appartenu, elles n'auraient même jamais existé.

*

« Se perdre en Dieu » – ce cliché pour le croyant prend une valeur de révélation pour le non-croyant, qui y discerne une aventure souhaitée et impraticable, désespéré qu'il est de ne pouvoir lui aussi s'*égarer* en quelque chose ou, de préférence, en quelqu'un.

*

— Qui est superficiel ? qui est profond ? – Aller très loin dans la frivolité, c'est cesser d'être frivole ; atteindre une limite, fût-ce dans la farce, c'est approcher d'extrémités dont, dans son secteur, tel métaphysicien n'est nullement capable.

*

Un éléphant succomberait à ces accès d'abattements indistincts d'une cruauté sur le point de se dissoudre et qui, en se dissolvant, emporterait chair et moelle. Tous les organes y passent : calamité viscérale, sensation de pagaille gastrique, d'impuissance à digérer ce monde.

*

L'homme, cet exterminateur, en veut à tout ce qui vit, à tout ce qui bouge : bientôt on parlera du dernier pou.

*

Dans la guerre de Troie, autant de dieux d'un côté que de l'autre. C'était là une vue juste et élégante dont les modernes, trop passionnés ou trop vulgaires, sont incapables, eux qui veulent que la raison soit à tout prix partisane. Homère, aux commencements de notre civilisation, s'offrait le luxe de l'objectivité ; aux antipodes, à une époque tardive comme la nôtre, il n'y a plus de place que pour l'*attitude*.

*

Seul, même inactif, on ne gaspille pas son temps. On le gâche presque toujours en compagnie. Aucun entretien avec soi ne peut être tout à fait stérile : quelque chose en sort nécessairement, ne serait-ce que l'*espoir* de se retrouver un jour.

*

Tant qu'on envie la réussite d'un autre, fût-ce d'un dieu, on est un vil esclave comme tout le monde.

*

Chaque être est un hymne détruit.

*

Si l'on en croit Tolstoï, il ne faudrait désirer que la mort, puisque ce désir, se réalisant immanquablement, ne sera pas une duperie comme tous les autres.

Cependant n'est-il pas de l'essence du désir de tendre vers n'importe quoi, sauf la mort ? *Désirer*, c'est ne vouloir pas mourir. Si donc on se met à souhaiter la mort, c'est que le désir est détourné de sa fonction propre ; c'est un désir dévié, dressé contre les autres désirs, voués tous à décevoir, alors que, lui, il tient toujours ses promesses. Miser sur lui, c'est jouer à coup sûr, c'est gagner de toutes façons : il ne trompe, il ne peut pas tromper. Mais ce que nous attendons d'un désir, c'est qu'il nous trompe précisément. Qu'il se réalise ou non, cela est secondaire ; l'important est qu'il nous dissimule la vérité. S'il nous la dévoile, il manque à son devoir, il se compromet et se renie, et doit par conséquent être rayé de la liste des désirs.

*

Que m'attire le bouddhisme ou le catharisme ou n'importe quel système ou dogme, je conserve un fond de scepticisme que rien jamais ne pourra entamer et auquel je reviens toujours après chacun de mes emballements. Que ce scepticisme soit congénital ou acquis, il ne m'en apparaît pas moins comme une certitude, voire comme une libération, quand toute autre forme de salut s'estompe ou me rejette.

*

Les autres n'ont pas le sentiment d'être des charlatans, et ils le sont ; moi... je le suis autant qu'eux mais je le sais et j'en souffre.

*

Que je ne cesse de saboter mes facultés, n'est-ce point puéril de m'en faire ? Et pourtant, au lieu de me flatter, l'évidence de mon inaccomplissement me décourage, me brise. S'être intoxiqué de clairvoyance pour en arriver là ! Je traîne des restes de dignité qui me déshonorent.

*

Seul l'écrivain sans public peut se permettre le luxe d'être sincère. Il ne s'adresse à personne : tout au plus à soi-même.

*

Une vie pleine n'est, dans le meilleur des cas, qu'un équilibre d'inconvénients.

*

Quand on sait que tout problème n'est qu'un faux problème, on est dangereusement près du salut.

*

Le scepticisme est un exercice de défascination.

*

Tout se réduit en somme au désir ou à l'absence du désir. Le reste est nuance.

*

J'ai tant médit de la vie que, souhaitant enfin lui rendre justice, je ne tombe sur aucun mot qui ne sonne faux.

III

Parfois on pense qu'il vaut mieux se réaliser que se laisser aller, parfois on pense le contraire. Et on a entièrement raison dans les deux cas.

*

Nos vertus, loin de se renforcer les unes les autres, se jalousent au contraire, et s'excluent. Quand la guerre qu'elles se font nous apparaît clairement, nous commençons à les dénoncer une à une, trop contents de n'avoir plus à nous mettre en frais pour aucune d'entre elles.

*

On ne demande pas la liberté mais des semblants de liberté. C'est pour ces simulacres que l'homme se démène depuis toujours. Au reste, la liberté n'étant, comme on l'a dit, qu'une *sensation*, quelle différence y a-t-il entre *être* et *se croire libre* ?

*

Tout acte en tant qu'acte n'est possible que parce que nous avons rompu avec le Paradis, dont le souvenir, qui envenime nos heures, fait de chacun de nous un ange démoralisé.

*

Nos prières refoulées éclatent en sarcasmes.

*

On n'a le sentiment d'être quelqu'un que lorsqu'on médite quelque forfait.

*

Si on fait du doute un but, il peut être aussi consolant que la foi. Lui aussi est capable de ferveur, lui aussi, à sa manière, triomphe de toutes les perplexités, lui aussi a réponse à tout. D'où vient alors sa mauvaise réputation ? C'est qu'il est plus rare que la foi, plus inabordable, et plus mystérieux. On n'arrive pas à imaginer ce qui se passe dans la maison du douteur...

*

Au marché, un gamin de cinq ans tout au plus, se débat, se contorsionne, hurle. Des bonnes femmes accourent, essaient de le calmer. Lui continue de plus belle, exagère, dépasse toute limite. Plus on le regarde, plus on voudrait lui tordre le cou. Sa mère, comprenant enfin qu'il faut l'emmener, supplie le furieux : « Viens mon *trésor* ! » – On songe – avec quelle satisfaction ! – à Calvin, pour qui les enfants sont des « petites ordures » ou à Freud qui les traite de « pervers polymorphes ». L'un et l'autre auraient volontiers dit : « Laissez venir à moi les petits monstres ! »

*

Dans la décision de renoncer au salut, il n'entre aucun élément diabolique, car, s'il en était ainsi, d'où viendrait la sérénité qui accompagne cette décision ? Rien de diabolique ne rend serein. Dans les parages du Démon, on est au contraire morose. C'est mon cas... Aussi ma sérénité est-elle de courte durée : juste le temps de me décider à en finir avec le salut. Par bonheur je m'y décide souvent, et, chaque fois, quelle paix !

*

Se lever de bonne heure, plein d'énergie et d'entrain, merveilleusement apte à commettre quelque vilenie insigne.

*

« Je suis libre au dernier degré », – ce mot éleva ce jour-là le clochard qui le prononçait, au-dessus des philosophes, des conquérants et des saints, puisqu'aucun d'eux, au sommet de sa carrière, n'osa invoquer pareille réussite.

*

Le déchu est un homme comme nous tous avec la différence qu'il n'a pas daigné jouer le jeu. Nous l'en blâmons et le fuyons, nous lui en voulons d'avoir révélé et étalé notre secret, nous le considérons à juste titre comme un misérable et un traître.

*

Précipité hors du sommeil par la question : « Où va *cet* instant ? – À la mort », fut ma réponse, et je me rendormis aussitôt.

*

On ne devrait accorder crédit qu'aux explications par la physiologie et par la théologie. Ce qui prend place entre les deux n'importe guère.

*

Le plaisir qu'on éprouve à prévoir une catastrophe diminue au fur et à mesure qu'elle approche, et il cesse tout à fait dès qu'elle survient.

*

La sagesse déguise nos plaies : elle nous apprend comment saigner en cachette.

*

Le moment critique pour un prophète est celui où il finit par se pénétrer de ce qu'il débite, où il est conquis par ses vaticinations. Esclave et automate désormais, il s'emploiera à regretter le temps où, libre, il annonçait des calamités sans trop y croire, où il se fabriquait des frayeurs.

Il n'est pas commode de jouer sincèrement les Isaïe et les Jérémie. C'est pourquoi la plupart des prophètes *préfèrent* être des imposteurs.

*

Tout ce qui nous arrive, tout ce qui compte pour nous ne présente aucun intérêt pour autrui : c'est à partir de cette évidence qu'il nous faudrait élaborer nos règles de conduite. Un esprit réfléchi devrait bannir de son vocabulaire intime le mot *événement*.

*

Quiconque n'est pas mort jeune *mérite* de mourir.

*

Rien ne donne meilleure conscience que de s'endormir avec la *vue claire* d'un de ses défauts, qu'on n'osait pas s'avouer jusqu'alors, qu'on ignorait même.

*

Tout s'estompe et s'abîme chez les êtres, sauf le regard et la voix : sans l'un et l'autre, on ne pourrait reconnaître personne au bout de quelques années.

*

En ce moment même, un peu partout, des milliers et des milliers sont en train d'expirer, tandis que, cramponné à mon stylo, je cherche en vain un mot pour commenter leur agonie.

*

S'appesantir sur un acte, fût-il innommable, s'inventer des scrupules et s'y empêtrer, démontre qu'on fait encore cas de ses semblables, qu'on aime se torturer à cause d'eux.

… Je ne me tiendrai pour affranchi que le jour où, à l'exemple des assassins et des sages, j'aurai nettoyé ma conscience de toutes les impuretés du remords.

*

J'en ai assez d'être moi, et cependant je prie sans cesse les dieux de me rendre à moi-même.

*

Regretter, c'est délibérer dans le passé, c'est substituer l'éventuel à l'irréparable, c'est tricher par déchirement.

*

Le délire est sans conteste plus beau que le doute, mais le doute est plus *solide*.

*

Le scepticisme est la *foi* des esprits ondoyants.

*

Voir dans la calomnie des mots, rien que des mots, est l'unique manière de la supporter sans souffrir. Désarticulons n'importe quel propos qu'on tient contre nous, *isolons* chaque vocable, traitons-le avec le dédain que mérite un adjectif, un substantif, un adverbe.

... Sinon, liquidons sur-le-champ le calomniateur.

*

Nos prétentions au détachement nous aident toujours non pas à parer les coups mais à les

« digérer ». Dans toute humiliation, il y a un premier et un second temps. C'est dans le second que se révèle utile notre coquetterie avec la sagesse.

*

La place qu'on occupe dans « l'univers » : un point, et encore ! Pourquoi se frapper quand, visiblement, on est si peu ? Cette constatation faite, on se calme aussitôt : à l'avenir, plus de tracas, plus d'affolements métaphysiques ou autres. Et puis, ce point se dilate, se gonfle, se substitue à l'espace. Et tout recommence.

*

Connaître, c'est discerner la portée de l'Illusion, mot clef aussi essentiel au Vedânta qu'à la Chanson, aux seules manières de traduire l'expérience de l'irréalité.

*

Au British Museum, devant la momie d'une cantatrice dont on voit les petits ongles surgir des bandelettes, je me rappelle avoir juré de ne plus jamais dire : *moi...*

*

Il n'est guère qu'un signe qui atteste qu'on a tout compris : pleurer *sans sujet*.

*

Dans le besoin de prier entre pour beaucoup la peur d'un éboulement imminent du cerveau.

*

Bonheur et malheur étant des maux presque au même titre, l'unique moyen de les éviter est de se rendre extérieur à tout.

*

Quand je passe des jours et des jours au milieu de textes où il n'est question que de sérénité, de contemplation et de dépouillement, l'envie me prend de sortir dans la rue et de casser la gueule au premier passant.

*

La preuve que ce monde n'est pas une réussite est qu'on peut se comparer sans indécence à Celui qui est censé l'avoir créé, mais non à Napoléon ni même à un clochard, surtout si ce dernier est inégalable dans son genre.

*

« Elle n'a pu faire mieux », – ce mot d'un païen sur la Providence, nul Père de l'Église n'a été assez honnête pour l'appliquer à Dieu.

*

La parole et le silence. On se sent plus en sécurité auprès d'un fou qui parle que d'un fou qui ne peut ouvrir la bouche.

*

Si une hérésie chrétienne, n'importe laquelle, l'avait emporté, elle ne se serait pas perdue dans des nuances. Plus téméraire que l'Église, elle aurait été aussi plus intolérante, car plus convaincue. Le doute n'est pas permis : victorieux, les Cathares eussent surpassé les Inquisiteurs.

Ayons pour toute victime, si noble soit-elle, une pitié sans illusions.

*

Ce qui reste d'un philosophe, c'est son tempérament, ce qui fait qu'il *s'oublie*, qu'il se livre à ses contradictions, à ses caprices, à des réactions incompatibles avec les lignes fondamentales de son système. S'il vise à la vérité, qu'il s'émancipe de tout souci de cohérence. Il ne doit exprimer que ce qu'il pense et non ce qu'il a *décidé* de penser. Plus il sera vivant, plus il se laissera aller à soi-même, et il ne survivra que s'il ne tient nul compte de ce à quoi il *devrait* croire.

*

Lorsqu'il s'agit de méditer sur la vacuité, l'imper-
manence, le nirvâna, s'allonger ou s'accroupir est
la position la meilleure. C'est celle-là même où ces
thèmes furent conçus.

Il n'y a guère qu'en Occident qu'on pense *debout*.
De là vient peut-être le caractère si fâcheusement
positif de sa philosophie.

*

Nous ne pouvons supporter une avanie qu'en
imaginant les *scènes* de la revanche, du triomphe
que nous aurons un jour sur le misérable qui nous
aura bafoué. Sans cette perspective, nous tombe-
rions en proie à des troubles qui renouvelleraient
radicalement la Folie.

*

Toute agonie est en soi curieuse ; la plus intéressante demeure néanmoins celle du cynique, de
celui qui la méprise *en théorie*.

*

Quel est le nom de cet os que je touche ? que
peut-il bien y avoir de commun entre *lui* et *moi* ?
Il faudrait recommencer l'opération avec une autre
partie du corps et continuer ainsi jusqu'au moment
où plus rien ne soit *nôtre*.

*

Avoir tout ensemble le goût de la provocation et celui de l'effacement, être par instinct un trouble-fête et par conviction un cadavre !

*

Après tant et tant de vivants, morts *tous*, – quelle fatigue de mourir à son tour et d'essuyer, comme eux, cette peur inepte ! Comment expliquer qu'elle persiste encore, qu'elle ne soit pas épuisée ou discréditée, et qu'on puisse l'éprouver encore à l'égal du premier mortel ?

*

L'ermite ne prend des responsabilités qu'envers soi ou envers tout le monde ; en aucun cas, envers *quelqu'un*. On se réfugie dans la solitude pour n'avoir personne à sa charge : soi-même, et l'univers, suffisent.

*

Si j'étais sûr de mon indifférence au salut, je serais de loin l'homme le plus heureux qui fut.

*

Pour se retrouver, il n'y a rien de tel que d'être « oublié ». Personne qui vienne s'interposer entre nous et ce qui compte. Plus les autres se détournent de nous, plus ils travaillent à notre perfection : ils nous sauvent *en nous abandonnant*.

*

Mes doutes sur la Providence ne durent jamais bien longtemps : qui, en dehors d'elle, serait en mesure de nous distribuer si ponctuellement notre ration de défaite quotidienne ?

*

« Il ne faut rien prendre à cœur » – se répète celui qui s'en veut chaque fois qu'il souffre et qui ne manque aucune occasion de souffrir.

*

Le combat que se livrent en chaque individu le fanatique et l'imposteur est cause que nous ne savons jamais *à qui* nous adresser.

*

— « À quoi travaillez-vous ? Que préparez-vous ? »

Est-ce qu'on aurait osé aborder ainsi un Pyrrhon ou un Lao-tseu ? Les questions qu'on n'aurait pu poser à nos idoles, nous ne concevons pas qu'on nous les pose à nous-mêmes.

*

Par nature je suis si réfractaire à la moindre entreprise, que pour me résoudre à en exécuter une il me faut parcourir auparavant quelque biographie d'Alexandre ou de Gengis Khan.

*

Ce qui doit rendre la vieillesse supportable, c'est le plaisir de voir disparaître un à un tous ceux qui auront cru en nous et que nous ne pourrons plus décevoir.

*

J'aime gloser sur la déchéance, j'aime vivre en parasite du Péché originel.

*

Si on pouvait se rendre *inhumiliable* !

*

Contrairement à l'allégation courante, les souffrances nous attachent, nous clouent à la vie : ce sont *nos* souffrances, nous sommes flattés de pouvoir les endurer, elles témoignent pour notre qualité d'êtres et non de spectres. Et tant est virulent l'orgueil de souffrir qu'il n'est dépassé que par celui d'avoir souffert.

*

Acharné à sauver le passé, le regret représente notre unique recours contre les manœuvres de l'oubli : qu'est-il en substance, sinon la mémoire *qui passe à l'attaque* ? En ressuscitant maints et maints épisodes et en les déformant à plaisir, il nous offre toutes les versions voulues de notre vie, de sorte qu'il est exact d'affirmer que c'est grâce à lui qu'elle nous paraît à la fois pitoyable et comblée.

*

Toute formule théorique, surgie pendant le sommeil, en interrompt le cours. Les rêves sont des événements. Dès qu'un d'eux se mue en *problème*, ou s'achève par une trouvaille, nous nous réveillons en sursaut. « Penser » en dormant est une anomalie, fréquente chez les oppressés, chez ceux qui justement dorment mal, parce que leurs misères culminent en définitions, nuit après nuit.

*

On se martyrise, on se crée, à coup de tourments, une « conscience » ; et puis, on s'aperçoit avec horreur qu'on ne peut plus s'en défaire.

*

Le malaise consécutif à une bassesse est l'état le plus propice à la réflexion sur soi, il se confond même avec cette réflexion. Quoi d'étonnant que nous ayons, chaque fois qu'il nous saisit, l'impression de nous connaître enfin ?

*

Seul est subversif l'esprit qui met en cause l'obligation d'exister ; tous les autres, l'anarchiste en tête, pactisent avec l'ordre établi.

*

Mes préférences : l'âge des Cavernes et le siècle des Lumières.

Mais je n'oublie pas que les grottes ont débouché sur l'Histoire et les salons sur la Guillotine.

*

Partout de la chair contre de l'argent. Mais que peut valoir une chair subventionnée ? – Avant, on engendrait par conviction ou par accident ; aujourd'hui, pour toucher des subsides. Cet excès de calcul ne peut pas ne pas nuire à la qualité du spermatozoïde.

*

Chercher un sens à quoi que ce soit est moins le fait d'un naïf que d'un masochiste.

*

Prendre conscience de notre complète, de notre radicale destructibilité, c'est cela même le salut. Mais c'est aller à l'encontre de nos tendances les plus profondes que de nous savoir, à chaque instant, destructibles. Le salut serait-il un exploit contre nature ?

*

Frivole et décousu, amateur en tout, je n'aurai connu à fond que l'inconvénient d'être né.

*

On devrait philosopher comme si la « philosophie » n'existait pas, à la manière d'un troglodyte ébloui ou effaré par le défilé des fléaux qui se déroulent sous ses yeux.

*

Jouir de sa douleur – le sentiment et jusqu'à l'expression figurent dans Homère, à titre exceptionnel s'entend. À titre général, il faudra attendre des temps plus récents. Le chemin est long de l'épopée au journal intime.

*

On ne s'intéresserait pas aux êtres si on n'avait l'espoir de rencontrer un jour quelqu'un de plus coincé que soi.

*

Les rats, confinés dans un espace réduit et
nourris uniquement de ces produits chimiques
dont nous nous gavons, deviennent, paraît-il,
bien plus méchants et plus agressifs que d'ordinaire.

Condamnés, à mesure qu'ils se multiplient, à
s'entasser les uns sur les autres, les hommes se
détesteront beaucoup plus qu'avant, ils inven-
teront même des formes insolites de haine, ils
s'entre-déchireront comme jamais ils ne le firent
et il éclatera une guerre civile universelle, non
pas à cause de revendications mais de l'impossibilité où se trouvera l'humanité d'assister davantage au spectacle qu'elle s'offre à elle-même. Dès
maintenant déjà, si, l'espace d'un instant, elle entre-
voyait *tout* l'avenir, elle n'irait pas au-delà de cet
instant.

*

Il n'est de vraie solitude que là où l'on songe à
l'urgence d'une prière – d'une prière *postérieure* à
Dieu et à la Foi elle-même.

*

Il faudrait se dire et se redire que tout ce qui
nous réjouit ou nous afflige ne correspond à
rien, que tout cela est parfaitement dérisoire et
vain.

... Eh bien, je me le dis et redis chaque jour, et je ne continue pas moins à me réjouir et à m'affliger.

*

Nous sommes tous au fond d'un enfer dont chaque instant est un miracle.

Le mauvais démiurge   9
Pensées étranglées   29

COLLECTION FOLIO 2€

Dernières parutions

4640. Carlos Fuentes — *La Desdichada*

4641. Richard Wright — *L'homme qui a vu l'inondation* suivi de *Là-bas, près de la rivière*

4665. Cicéron — *«Le bonheur dépend de l'âme seule». Livre V des «Tusculanes»*

4666. Collectif — *Le pavillon des Parfums-Réunis* et autres nouvelles chinoises des Ming

4667. Thomas Day — *L'automate de Nuremberg*

4668. Lafcadio Hearn — *Ma première journée en Orient* suivi de *Kizuki, le sanctuaire le plus ancien du Japon*

4669. Simone de Beauvoir — *La femme indépendante*

4670. Rudyard Kipling — *Une vie gaspillée* et autres nouvelles

4671. D. H. Lawrence — *L'épine dans la chair* et autres nouvelles

4672. Luigi Pirandello — *Eau amère* et autres nouvelles

4673. Jules Verne — *Les révoltés de la Bounty* suivi de *Maître Zacharius*

4674. Anne Wiazemsky — *L'île*

4708. Isabelle de Charrière — *Sir Walter Finch et son fils William*

4709. Madame d'Aulnoy — *La Princesse Belle Étoile et le prince Chéri*

4710. Isabelle Eberhardt — *Amours nomades. Nouvelles choisies*

4711. Flora Tristan — *Promenades dans Londres. Extraits*

4737. Joseph Conrad — *Le retour*

4738. Roald Dahl — *Le chien de Claude*

4739. Fiodor Dostoïevski — *La femme d'un autre et le mari sous le lit. Une aventure peu ordinaire*

4740. Ernest Hemingway — *La capitale du monde* suivi de *L'heure triomphale de Francis Macomber*

4741. H. P. Lovecraft — *Celui qui chuchotait dans les ténèbres*

4742. Gérard de Nerval — *Pandora et autres nouvelles*

4743. Juan Carlos Onetti — *À une tombe anonyme*

4744. Robert Louis Stevenson — *La chaussée des Merry Men*

4745. Henry David Thoreau — *«Je vivais seul dans les bois»*

4746. Michel Tournier — *L'aire du muguet* précédé de *La jeune fille et la mort*

4781. Collectif — *Sur le zinc. Au café des écrivains*

4782. Francis Scott Fitzgerald — *L'étrange histoire de Benjamin Button* suivi de *La lie du bonheur*

4783. Lao She — *Le nouvel inspecteur* suivi de *Le croissant de lune*

4784. Guy de Maupassant — *Apparition et autres contes de l'étrange*

4785. D. A. F. de Sade — *Eugénie de Franval. Nouvelle tragique*

4786. Patrick Amine — *Petit éloge de la colère*

4787. Élisabeth Barillé — *Petit éloge du sensible*

4788. Didier Daeninckx — *Petit éloge des faits divers*

4789. Nathalie Kuperman — *Petit éloge de la haine*

4790. Marcel Proust — *La fin de la jalousie et autres nouvelles*

4839. Julian Barnes — *À jamais et autres nouvelles*

4840. John Cheever — *Une Américaine instruite* précédé d'*Adieu, mon frère*

4841. Collectif — *«Que je vous aime, que je t'aime!» Les plus belles déclarations d'amour*

4842. André Gide — *Souvenirs de la cour d'assises*

4843. Jean Giono — *Notes sur l'affaire Dominici* suivi d'*Essai sur le caractère des personnages*

4844. Jean de La Fontaine — *Comment l'esprit vient aux filles et autres contes libertins*

4845. Yukio Mishima — *Papillon* suivi de *La lionne*

4846. John Steinbeck — *Le meurtre et autres nouvelles*

4847. Anton Tchekhov — *Un royaume de femmes* suivi de *De l'amour*

4848. Voltaire — *L'Affaire du chevalier de La Barre* précédé de *L'Affaire Lally*

4875. Marie d'Agoult — *Premières années (1806-1827)*

4876. Madame de Lafayette — *Histoire de la princesse de Montpensier* et autres nouvelles

4877. Madame Riccoboni — *Histoire de M. le marquis de Cressy*

4878. Madame de Sévigné — *«Je vous écris tous les jours...» Premières lettres à sa fille*

4879. Madame de Staël — *Trois nouvelles*

4911. Karen Blixen — *Saison à Copenhague*

4912. Julio Cortázar — *La porte condamnée* et autres nouvelles fantastiques

4913. Mircea Eliade — *Incognito à Buchenwald...* précédé d'*Adieu!...*

4914. Romain Gary — *Les Trésors de la mer Rouge*

4915. Aldous Huxley — *Le jeune Archimède* précédé de *Les Claxton*

4916. Régis Jauffret — *Ce que c'est que l'amour* et autres microfictions

4917. Joseph Kessel — *Une balle perdue*

4918. Lie-tseu — *Sur le destin* et autres textes

4919. Junichirô Tanizaki — *Le pont flottant des songes*

4920. Oscar Wilde — *Le portrait de Mr. W. H.*

4953. Eva Almassy — *Petit éloge des petites filles*

4954. Franz Bartelt — *Petit éloge de la vie de tous les jours*

4955. Roger Caillois — *Noé* et autres textes

4956. Jacques Casanova — *Madame F.* suivi d'*Henriette*

4957. Henry James — *De Grey, histoire romantique*

4958. Patrick Kéchichian — *Petit éloge du catholicisme*

4959. Michel Lermontov — *La princesse Ligovskoï*

4960. Pierre Péju — *L'idiot de Shanghai* et autres nouvelles

4961. Brina Svit — *Petit éloge de la rupture*

4962. John Updike — *Publicité* et autres nouvelles

5010. Anonyme — *Le petit-fils d'Hercule. Un roman libertin*

5011. Marcel Aymé   *La bonne peinture*
5012. Mikhaïl Boulgakov   *J'ai tué* et autres récits
5013. Sir Arthur Conan Doyle   *L'interprète grec* et autres aventures de
                                        Sherlock Holmes
5014. Frank Conroy   *Le cas mystérieux de R.* et autres
                                        nouvelles
5015. Sir Arthur Conan Doyle   *Une affaire d'identité* et autres
                                        aventures de Sherlock Holmes
5016. Cesare Pavese   *Histoire secrète* et autres nouvelles
5017. Graham Swift   *Le sérail* et autres nouvelles
5018. Rabindranath Tagore   *Aux bords du Gange* et autres
                                        nouvelles
5019. Émile Zola   *Pour une nuit d'amour* suivi de
                                        L'inondation
5060. Anonyme   *L'œil du serpent. Contes folkloriques
                                        japonais*
5061. Federico García Lorca   *Romancero gitan* suivi de *Chant
                                        funèbre pour Ignacio Sanchez
                                        Mejias*
5062. Ray Bradbury   *Le meilleur des mondes possibles* et
                                        autres nouvelles
5063. Honoré de Balzac   *La Fausse Maîtresse*
5064. Madame Roland   *Enfance*
5065. Jean-Jacques Rousseau   *« En méditant sur les dispositions de
                                        mon âme... »* et autres rêveries,
                                        suivi de *Mon portrait*
5066. Comtesse de Ségur   *Ourson*
5067. Marguerite de Valois   *Mémoires. Extraits*
5068. Madame de Villeneuve   *La Belle et la Bête*
5069. Louise de Vilmorin   *Sainte-Unefois*
5120. Hans Christian Andersen   *La Vierge des glaces*
5121. Paul Bowles   *L'éducation de Malika*
5122. Collectif   *Au pied du sapin. Contes de Noël*
5123. Vincent Delecroix   *Petit éloge de l'ironie*
5124. Philip K. Dick   *Petit déjeuner au crépuscule* et autres
                                        nouvelles
5125. Jean-Baptiste Gendarme   *Petit éloge des voisins*

5126. Bertrand Leclair — *Petit éloge de la paternité*

5127. Alfred de Musset-
George Sand — *« Ô mon George, ma belle maîtresse... »
Lettres*

5128. Grégoire Polet — *Petit éloge de la gourmandise*

5129. Paul Verlaine — *L'Obsesseur* précédé d'*Histoires
comme ça*

5163. Akutagawa Ryûnosuke — *La vie d'un idiot* précédé d'*Engrenage*

5164. Anonyme — *Saga d'Eiríkr le Rouge* suivi de *Saga
des Groenlandais*

5165. Antoine Bello — *Go Ganymède !*

5166. Adelbert von Chamisso — *L'étrange histoire de Peter Schlemihl*

5167. Collectif — *L'art du baiser. Les plus beaux baisers
de la littérature*

5168. Guy Goffette — *Les derniers planteurs de fumée*

5169. H. P. Lovecraft — *L'horreur de Dunwich*

5170. Léon Tolstoï — *Le diable*

5184. Alexandre Dumas — *La main droite du sire de Giac* et autres
nouvelles

5185. Edith Wharton — *Le miroir* suivi de *Miss Mary Pask*

5231. Théophile Gautier — *La cafetière* et autres contes
fantastiques

5232. Claire Messud — *Les Chasseurs*

5233. Dave Eggers — *Du haut de la montagne, une longue
descente*

5234. Gustave Flaubert — *Un parfum à sentir ou Les Baladins*
suivi de *Passion et vertu*

5235. Carlos Fuentes — *En bonne compagnie* suivi de *La chatte
de ma mère*

5236. Ernest Hemingway — *Une drôle de traversée*

5237. Alona Kimhi — *Journal de Berlin*

5238. Lucrèce — *« L'esprit et l'âme se tiennent
étroitement unis ». Livre III de
« De la nature »*

5239. Kenzaburô Ôé — *Seventeen*

5240. P. G. Wodehouse — *Une partie mixte à trois* et autres
nouvelles du green

5290. Jean-Jacques Bernard — *Petit éloge du cinéma d'aujourd'hui*
5291. Jean-Michel Delacomptée — *Petit éloge des amoureux du Silence*
5292. Mathieu Térence — *Petit éloge de la joie*
5293. Vincent Wackenheim — *Petit éloge de la première fois*
5294. Richard Bausch — *Téléphone rose et autres nouvelles*
5295. Collectif — *Ne nous fâchons pas ! ou L'art de se disputer au théâtre*
5296. Robin Robertson — *Fiasco ! Des écrivains en scène*
5297. Miguel de Unamuno — *Des yeux pour voir et autres contes*
5298. Jules Verne — *Une fantaisie du Docteur Ox*
5299. Robert Charles Wilson — *YFL-500* suivi du *Mariage de la dryade*
5347. Honoré de Balzac — *Philosophie de la vie conjugale*
5348. Thomas De Quincey — *Le bras de la vengeance*
5349. Charles Dickens — *L'embranchement de Mugby*
5350. Épictète — *De l'attitude à prendre envers les tyrans*
5351. Marcus Malte — *Mon frère est parti ce matin...*
5352. Vladimir Nabokov — *Natacha* et autres nouvelles
5353. Arthur Conan Doyle — *Un scandale en Bohême* suivi de *Silver Blaze. Deux aventures de Sherlock Holmes*
5354. Jean Rouaud — *Préhistoires*
5355. Mario Soldati — *Le père des orphelins*
5356. Oscar Wilde — *Maximes* et autres textes
5415. Franz Bartelt — *Une sainte fille* et autres nouvelles
5416. Mikhaïl Boulgakov — *Morphine*
5417. Guillermo Cabrera Infante — *Coupable d'avoir dansé le cha-cha-cha*
5418. Collectif — *Jouons avec les mots. Jeux littéraires*
5419. Guy de Maupassant — *Contes au fil de l'eau*
5420. Thomas Hardy — *Les intrus de la Maison Haute* précédé d'un autre conte du Wessex
5421. Mohamed Kacimi — *La confession d'Abraham*
5422. Orhan Pamuk — *Mon père* et autres textes
5423. Jonathan Swift — *Modeste proposition* et autres textes

5424. Sylvain Tesson — *L'éternel retour*

5462. Lewis Carroll — *Misch-Masch* et autres textes de jeunesse

5463. Collectif — *Un voyage érotique. Invitations à l'amour dans la littérature du monde entier*

5464. François de La Rochefoucauld — *Maximes* suivi de *Portrait de La Rochefoucauld par lui-même*

5465. William Faulkner — *Coucher de soleil* et autres Croquis de La Nouvelle-Orléans

5466. Jack Kerouac — *Sur les origines d'une génération* suivi de *Le dernier mot*

5467. Liu Xinwu — *La Cendrillon du canal* suivi de *Poisson à face humaine*

5468. Patrick Pécherot — *Petit éloge des coins de rue*

5469. George Sand — *La château de Pictordu*

5470. Montaigne — *De l'oisiveté* et autres Essais en français moderne

5471. Martin Winckler — *Petit éloge des séries télé*

5523. E.M. Cioran — *Pensées étranglées* précédé du *Mauvais démiurge*

5524. Dôgen — *Corps et esprit. La Voie du zen*

5525. Maître Eckhart — *L'amour est fort comme la mort* et autres textes

5526. Jacques Ellul — *« Je suis sincère avec moi-même »* et autres lieux communs

5527. Liu An — *Du monde des hommes. De l'art de vivre parmi ses semblables*

5528. Sénèque — *De la providence* suivi de *Lettres à Lucilius (lettres 71 à 74)*

5529. Saâdi — *Le Jardin des Fruits. Histoires édifiantes et spirituelles*

5530. Tchouang-tseu — *Joie suprême* et autres textes

5531. Jacques De Voragine — *La Légende dorée. Vie et mort des saintes illustres*

5532. Grimm — *Hänsel et Gretel* et autres contes

Composition Nord Compo
Impression Novoprint
à Barcelone, le 10 janvier 2013
Dépôt légal : janvier 2013

ISBN 978-2-07-045056-5./Imprimé en Espagne.

248328